JACQUES DE COULON

Caderno de exercícios para
Superar as crises

Ilustrações de Jean Augagneur

Tradução de Stephania Matousek

EDITORA VOZES

Petrópolis

© Éditions Jouvence, 2009
Chemin du Guillon 20
Case 184 CH-1233 — Bernex
http://www.editions-jouvence.com
info@editions-jouvence.com

Tradução do original em francês intitulado
Petit cahier d'exercices anti-crise

CONSELHO EDITORIAL

Diretor
Volney J. Berkenbrock

Editores
Aline dos Santos Carneiro
Edrian Josué Pasini
Marilac Loraine Oleniki
Welder Lancieri Marchini

Conselheiros
Elói Dionísio Piva
Francisco Morás
Gilberto Gonçalves Garcia
Ludovico Garmus
Teobaldo Heidemann

Secretário executivo
Leonardo A.R.T. dos Santos

Editoração: Frei Leonardo Pinto dos Santos
Projeto gráfico: Éditions Jouvence
Arte-finalização: Lara Kuebler
Capa/ilustrações: Jean Augagneur e Edgar Rubin
Arte-finalização: Bruno Margiotta

Direitos de publicação em língua portuguesa —
Brasil: 2010, Editora Vozes Ltda. Rua Frei Luís,
100 25689-900
Petrópolis, RJ
www.vozes.com.br
Brasil

Todos os direitos reservados. Nenhuma parte desta
obra poderá ser reproduzida ou transmitida por
qualquer forma e/ou quaisquer meios (eletrônico
ou mecânico, incluindo fotocópia e gravação) ou
arquivada em qualquer sistema ou banco de dados
sem permissão escrita da editora.

PRODUÇÃO EDITORIAL

Aline L.R. de Barros
Marcelo Telles
Mirela de Oliveira
Otaviano M. Cunha
Rafael de Oliveira
Samuel Rezende
Vanessa Luz
Verônica M. Guedes

Conselho de projetos editoriais
Isabelle Theodora Martins
Luísa Ramos M. Lorenzi
Natália França
Priscilla A.F. Alves

ISBN 978-85-326-4020-8 (Brasil)
ISBN 978-2-88353-772-9 (Suíça)

Este livro foi composto e impresso pela
Editora Vozes Ltda.

Desenhos da capa e do miolo: Jean Augagneur,
menos a figura de Edgar Rubin (p. 7), a
síndrome da obnubilação (p. 14), a distância
da reflexão (p. 15), o soprar (p. 32), o
tobogã (p. 35), a calma mental (p. 40), o
triangulozinho do nariz (p. 55 — Editora
Jouvence) e a ilustração da capa de O segredo
para a felicidade, do mesmo autor, publicado
em português pela editora Europa-América.

Dados Internacionais de Catalogação na Publicação (CIP)
(Câmara Brasileira do Livro, SP, Brasil)

Coulon, Jacques de
    Caderno de exercícios para superar as crises / Jacques de
Coulon ; ilustrações de Jean Augagneur ; tradução de Stephania
Matousek. 2. ed. — Petrópolis, RJ : Vozes, 2013. — (Coleção
Cadernos — Praticando o Bem-estar)

    Título original: Petit cahier d'exercices anti-crise
    Bibliografia.

    8ª reimpressão, 2024.

    ISBN 978-85-326-4020-8

    1. Autorrealização 2. Crises I. Augagneur, Jean. II. Título.
III. Série.

10-02613   CDD-158.1

Índices para catálogo sistemático:
1. Autorrealização : Psicologia aplicada   158.1

Crise, crise... Eles buzinam os nossos ouvidos com esta palavra. Mas o que ela realmente significa? **Crise** vem do grego **krisis**, que quer dizer « julgamento, decisão ». Ela significa um momento decisivo em determinada situação. Sendo sintoma de uma fase crucial, ela nos incita a afiar nosso poder de decisão. Portanto, deveria ser vista como uma oportunidade de questionamento da nossa escala de valores visando uma decisão. Que decisão? Uma profunda mudança dos nossos comportamentos.

Comecemos pela crise econômica: ela manifesta a falência de valores neoliberais baseados no dogma do crescimento a todo custo. Trata-se de uma verdadeira religião do « vitelo de ouro », símbolo bíblico da riqueza material, como afirma Pascal Bruckner:

> *"As empresas não se contentam*
> *em ser simples locais de produção,*
> *mas se pretendem as Igrejas de amanhã,*
> *com o direito de prescrever valores.*
> *O mundo dos negócios é de fato*
> *o nosso clero moderno[1]."*
>
> (BRUCKNER, Pascal. *Misère de la prospérité.*
> *Paris: Grasset, 2002, p. 167).*

---

[1] Tradução livre [N.T.].

A crise nos provoca a fugir do sistema atual, no qual os fiéis se prosternam perante o deus Lucro, e exaltam a luta dos egoísmos.

Medite sobre o quadro a seguir colorindo de amarelo a coluna da direita e completando o novo modelo. Por exemplo, para **Ser**, você pode escrever **Cultivar** o seu jardim interior ou **Respirar** um ar puro em meio à natureza...

Templo do vitelo de ouro _Crise_	Novos valores
1. Ter: enriquecer, capitalizar 2. Concorrência, competição 3. Consumo: querer tudo e agora mesmo! 4. Exploração do meio ambiente 5. Crescimento: sempre mais 6. Pressão do tempo: cada vez mais rápido 7. Outro: ...	1. Ser: ... 2. Solidariedade: ... 3. Admiração, liberdade de escolha: ... 4. Respeito da natureza: ... 5. Satisfação com relação ao que somos: ... 6. Desapego, tranquilidade: ... 7. Outro: ...

Agora, coloque um dos sete valores do novo modelo no centro do diagrama de associações a seguir, e anote, na ponta de cada flecha, um **exemplo concreto** que você esteja disposto(a) a pôr em prática (você pode acrescentar outras flechas). Exemplos:

- Desapego => Dar um passeio num lugar montanhoso;
- Solidariedade => Ajudar um amigo a redigir uma carta para pedir emprego;
- Admiração => Contemplar um belo campo de flores...

Agora é com você!

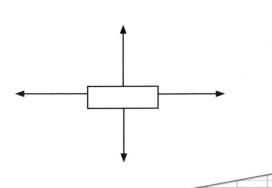

Em seguida, visualize claramente os quatro exemplos, uns após os outros, na sua mente. Você pode refazer este exercício com cada um dos sete novos valores.

Já falamos aqui sobre a atual crise que afeta toda a humanidade. Passemos ao âmbito individual: você certamente atravessa períodos de crise pessoal (conflitos conjugais, desemprego, angústia, doença...). **Propomos-lhe agora um método eficaz para resolver a sua crise.** Você deve seguir sete regras e adotar quatro estratégias sucessivas:
- a da águia, para levantar voo a uma boa altura;
- a da borboleta, para se liberar das correntes que o(a) prendem;
- a da coruja, para enxergar melhor;
- e a do mágico, para se transformar.

Mas, primeiro, é preciso estar convencido(a) de que você é capaz de superar o problema e mudá-lo.

Regra 1: liberdade.

Eu não fui programado(a) para ser isto ou aquilo, eu tenho dentro de mim uma parcela de liberdade que permite que eu construa a minha vida.

> *"O homem não é nada mais do que aquilo que faz a si próprio."*
> Jean-Paul Sartre

Pinte a frase abaixo com a cor que você quiser para incorporá-la melhor!

O homem não é nada mais do que aquilo que faz a si próprio.

Observe a imagem abaixo: você pode ver ou um vaso branco ou duas caras pretas frente a frente. Tudo depende da sua **livre escolha**. Treine passar de uma representação à outra, primeiro lentamente, depois mais rápido.

(Figura de Edgar Rubin)

7

Você pode, dessa forma, mudar à vontade a representação que atribui a uma coisa: um vaso claro simbolizando o Graal, por exemplo, ou duas cabeças apinhadas de pensamentos sombrios. Cabe a você escolher!

Identifique agora o seu problema, o buraco negro que está preocupando-o(a), e descreva-o em poucas palavras no retângulo abaixo. Por exemplo: dor nas costas constante ou separação difícil do companheiro(a) ou ainda perda do emprego...

Meu problema:

Como você está reagindo face a este problema?

Marque as respostas que correspondem à sua atitude:

1. Estou me arrependendo pelos comportamentos que me levaram a este impasse.
   ☐

2. Estou sempre tentando me concentrar em outra coisa para evitar pensar no problema.
   ☐

3. Fico imaginando o pior, e o problema tende a crescer.
   ☐

4. Fico me reconfortando dizendo que tudo vai passar.
   ☐

5. Estou tomando distância e observando de longe para não me deixar atingir.
   ☐

6. Fico culpando os outros, a conjuntura, o sistema...
   ☐

7. Estou tentando delimitar o que depende de mim para superar o problema.
   ☐

8. Fico achando que nunca mais vai melhorar, que tudo isto vai durar para sempre.
   ☐

9. Estou buscando entender o sentido da situação.
   ☐

10. Considero esta crise como um sinal para mudar os meus hábitos.
    ☐

11. Fico guardando tudo para mim, sem demonstrar o que estou sentindo.
    ☐

12. Estou esforçando-me para ver o lado positivo do problema.
    ☐

13. Desabafo sobre o meu problema com as pessoas ao meu redor.
    ☐

14. Outro: ...
    ☐

Separe os números das suas respostas nas duas colunas abaixo:

Reações inúteis, e mesmo negativas	Reações úteis, positivas

As respostas **1, 3, 6, 8 e 11** não levarão você a lugar algum. É inútil arrepender-se, culpar-se, acusar ou dissimular: não é assim que você vai superar o problema!

Se você tiver marcado as respostas 2 e 5, isso significa que você adotou a estratégia da águia: você está tomando distância para mudar a direção do seu olhar.

As respostas 4 e 13 correspondem à estratégia da borboleta: você está se liberando do problema.

As frases 7 e 9 indicam uma intenção de definir melhor o problema, iluminar o buraco negro, como a coruja, que enxerga de noite.

E se você tiver escolhido as respostas 10 ou 12, você é um mágico, que deseja transformar a situação profundamente.

Vejamos agora como seguir estas quatro estratégias. Mas, antes de alçar voo com a águia, recarregue as energias restabelecendo contato com a Terra! Para se preparar, recopie, primeiro com cores diferentes de acordo com o tema do verso, este poema de Arthur Rimbaud que exalta as virtudes da nossa mãe Gaia, a deusa grega da Terra.

Sol e carne

Sol, astro sublime de ternura e vida,
Jorra amor ardente na terra garrida,
E, deitado no vale, vejo-me a tocar
A terra núbil, bela e louca a pulsar;
Seu imenso seio, fecundo por um sêmen,
É amor como deus, carne como o homem,
E abriga, pleno de sangue e prazeres,
O enorme turbilhão de todos os seres![2]

---

[2] Os poemas reproduzidos neste caderno foram traduzidos livremente [N.T.].

Aprenda a vivenciar este poema fazendo também o seguinte exercício:

1. Retorno à origem sensorial.

Sente-se em meio à natureza ou num lugar calmo e admire as cores e formas ao seu redor: o verde das folhagens, o azul do céu e dos miosótis, a luminosidade do Sol... em seguida, preste atenção nos sons produzidos no ambiente: o canto dos pássaros, o murmúrio do vento nas árvores...

2. Abandono à terra.

Deite-se e sinta o contato das partes posteriores do seu corpo com o solo: calcanhar, panturrilha, nádegas, costas, mãos, cotovelos, ombros, a parte traseira da cabeça, o corpo inteiro descansando no chão. Use também a respiração para sentir melhor este contato: a cada expiração, tome consciência da parte do corpo em questão, como se ela estivesse afundando-se no solo. Abandone-se à Terra, a grande esfera que acolhe você e que também é uma imensa fonte de energia. Lembre-se de Anteu, aquele herói da mitologia grega que recuperava suas forças toda vez que encostava no chão!

Estratégia 1: a águia
Concentre-se para expandir o seu ponto de vista

Para a águia, a crise é uma doença da consciência, que se contrai num buraco negro do vale e esquece a sua fonte de energia no alto da montanha.

Medite a partir destes versos de Charles Baudelaire:

"Apesar de enfados e vastos pesares
Que graves carregam a vida nebulosa
Feliz é quem pode com asa vigorosa
Voar em céus límpidos e familiares."

Muitas vezes, ficamos presos ao nosso problema e não conseguimos mais ver a solução, de tanto que a nossa visão diminuiu. É daí que vem a necessidade imediata de nos liberarmos e expandirmos o nosso ponto de vista. O desenho abaixo ilustra a importância deste distanciamento:

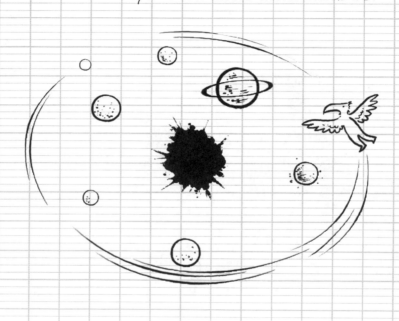

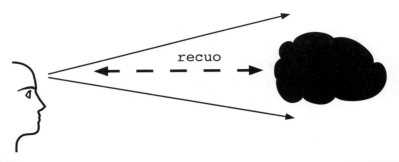

Regra 2: a magia da consciência

Ao longo do dia, vou tomando consciência de diferentes coisas, sejam elas exteriores ou interiores, através dos meus sentidos. Aonde vai a minha consciência vai a minha energia: tenho tendência a me identificar com o que percebo, assim como o camaleão muda de cor em função do ambiente.

> *"Toda alma se torna o que vê."*
> Plotino

Porém, é preciso aprender a olhar na direção certa ou mesmo trocar de perspectiva. Para isto, convém primeiro tomar distância e se concentrar, procurando atingir a nascente da sua consciência.

Exercício: o quadrado mágico ou a peregrinação rumo às nascentes.

Pinte o desenho abaixo, que constitui o esquema de base de toda mandala, assim como de qualquer edifício sagrado: o círculo simboliza o ideal eterno (o céu), encarnado na realidade concreta, ou seja, o mundo material, representado pelo quadrado.

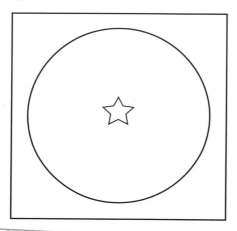

1. **Corpo.**

   Sente-se com as costas retas, feche os olhos e tome consciência de todo o seu corpo, sentindo-o em seu interior.

2. **Respiração.**

   Observe, em seguida, o ritmo da sua respiração por alguns instantes.

3. **Fixação do olhar.**

   Abra os olhos e focalize-os na estrelinha no centro do círculo colorido por cerca de trinta segundos. O seu rosto deve estar relaxado.

4. Desenho invertido na folha de papel.

Concentre o seu olhar no ponto à direita da figura: você certamente verá aparecer a mesma figura, mas com as cores invertidas. Por exemplo, azul no lugar de amarelo, verde no lugar de vermelho ou branco no lugar de preto.

Observe novamente o centro do desenho colorido durante trinta segundos.

5. Desenho na cortina dos olhos fechados.

Agora feche os olhos, relaxe as pálpebras e depois preste atenção na cortina interna dos seus olhos. Talvez você consiga ver mais uma vez a imagem remanescente com as cores invertidas. Para acentuar o efeito, você pode tapar os olhos com a palma das mãos. Quando o desenho tiver desaparecido totalmente, retire as mãos; observe durante mais alguns instantes a cortina interna e a fraca luminosidade filtrada através das suas pálpebras.

6. Desenho na tela mental.

Recrie o desenho na sua mente; visualize-o no seu foro interior, da mesma forma como você imagina uma árvore, uma casa ou um rosto.

7. Retorno à realidade exterior.

Volte a tomar consciência da sua respiração e de todo o seu corpo. Em seguida, abra os olhos.

Todo método de concentração implica as quatro etapas que você acabou de vivenciar:

- Tomar consciência do corpo e depois da respiração para eliminar os « pensamentos parasitas » (pontos 1 e 2).
- Selecionar um sentido (pontos 3 e 4).
- Interiorizar este sentido (pontos 5 e 6).
- Retornar à realidade exterior (ponto 7).

Agora você vai buscar a sua estrela-guia lá no alto do céu, depois de atravessar o arco-íris, fazendo este poderoso exercício inspirado no mestre egípcio Hamid Bey:

Exercício: encontrar a sua estrela-guia para seguir em frente.

1. Pinte a espiral abaixo, que contém sete anéis.

Começando na ponta em cima e continuando no sentido anti-horário, siga as sete cores do arco-íris na sua progressão até o centro: vermelho no primeiro anel, laranja no segundo, amarelo no terceiro, verde no quarto, azul no quinto, anil (azul-escuro) no sexto e roxo no sétimo. Mude de cor quando chegar ao « meio-dia ». Os pontinhos significam a porta de entrada na cor seguinte. A estrela deve permanecer branca, pois ela é a síntese de todas as cores.

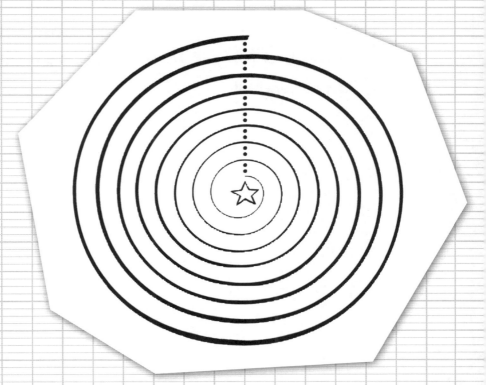

2. **Refaça o caminho visualmente, usando, se precisar, a ponta de um lápis**: comece de novo no exterior, no alto da figura. Quando chegar à estrela, envolva-a e a leve consigo simbolicamente, dando meia-volta na espiral

(indo do interior para o exterior), no sentido horário desta vez.

3. **Feche os olhos durante algum tempo e relaxe na cortina interna dos olhos.** Talvez você veja aparecer nela os vestígios da espiral. Em seguida, preste atenção no seu corpo antes de seguir em frente no seu caminho.

4. **Para terminar, vá atrás da sua estrela-guia desenhando livremente um trajeto nesta folha e festejando a sua vida.** Boa viagem!

Uma imagem vai ajudá-lo a compreender melhor a necessidade de se elevar para mudar a sua visão do mundo: a da montanha entre dois vales. A encosta norte fica na sombra, e a sul, em plena luz. Pinte este novo desenho anotando as suas preocupações à esquerda, no vale escuro, e as suas alegrias à direita, no vale ensolarado.

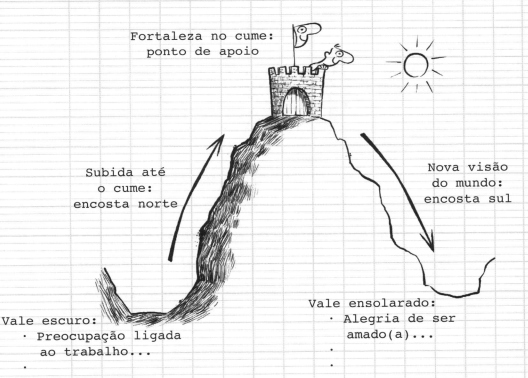

Seja qual for o momento, não hesite em subir ao cume da sua montanha interior: você obterá uma incontestável serenidade e será então capaz de ver a realidade de um ponto de vista mais favorável.

Régra 3: a riqueza das minhas identidades.

Eu sou a reunião de diversas identidades ou afiliações, combinadas de maneira única pelo meu jeito próprio. Eu pareço um(a) diretor(a) de cinema, que pode coordenar múltiplos papéis.

"Eu é um outro (...)
Para cada ser, parecia
que eu tinha direito
a várias outras vidas."
Arthur Rimbaud

"Quanto mais afiliações eu levar em conta,
mais específica será a minha identidade.
A qualquer pessoa, basta se analisar com um pouco
mais de profundidade para descobrir que é complexa,
única, insubstituível."
Amin Maalouf

A desgraça do homem é que a sua consciência diminui até virar... algo parecido com a pele de onagro mágica inventada pelo escritor francês Honoré de Balzac[3]. A causa do sofrimento

---

[3] Em seu romance, *A pele de onagro*, publicado em 1831, Honoré de Balzac conta a história de um homem que compra uma pele de onagro (uma espécie de asno oriental) com poderes mágicos.

é exatamente isso: eu me identifico com um corpo que está sofrendo, com uma profissão que eu estou correndo o risco de perder e mesmo com um carro que acabou de quebrar. Mas eu sou muito MAIS do que isto!

Para expandir a sua consciência e se liberar de uma estrutura rígida demais, faça o seguinte exercício: ligue os **quatro** pontos do quadrado com apenas **três** linhas, sem tirar o lápis do papel. **Comece e termine no ponto A:**

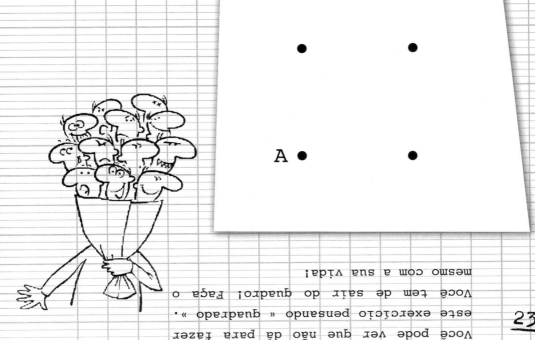

Você pode ver que não dá para fazer este exercício pensando « quadrado ». Você tem de sair do quadrado! Faça o mesmo com a sua vida!

Ela permite realizar os desejos do seu dono, mas vai diminuindo de tamanho à medida que as vontades são satisfeitas e, ao mesmo tempo, deduzindo os dias de vida que ainda lhe restam... [N.T.]

Como já dissemos, você é um composto de identidades múltiplas, combinadas com originalidade pelo seu jeito pessoal. O problema é quando nos focalizamos numa única e esquecemos as outras. Se a identidade escolhida estiver em dificuldade, então o mundo todo desmorona, pois o meu « eu » pensa que é ela. Já vimos por aí banqueiros se suicidarem por terem perdido grandes quantias na Bolsa. Por quê? Porque eles se identificavam com a sua função e não conseguiram suportar a ideia de ela ser prejudicada. Ao se olharem no espelho, eles enxergavam apenas a imagem do empresário decadente, deixando de lado o fato de terem uma família que os amava e inclusive que possuíam bens invejáveis para os reles mortais.

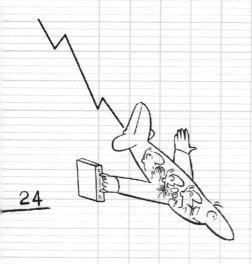

Para sair da crise, comece fazendo o inventário das suas identidades: observe o conjunto com o olhar da águia!

Você pode distinguir duas grandes categorias de identidades: os estados do seu ser e as suas afiliações.

- **Os quatro níveis do seu ser:**
    - corpo (por exemplo: tenho tendência a comer muito);
    - sentimentos (por exemplo: estou apaixonado(a));
    - intelecto (por exemplo: adoro ler);
    - plano espiritual (por exemplo: tenho interesse no budismo)...

- **As afiliações:**
    - profissão;
    - família;
    - clube esportivo;
    - enfim, todos os papéis que você pode ter no palco do mundo.

Agora é com você!

Na « casa da alma » a seguir, anote as suas identidades começando pelo corpo no térreo, depois indo para os sentimentos no primeiro andar, o intelecto no segundo e o plano espiritual no terceiro.

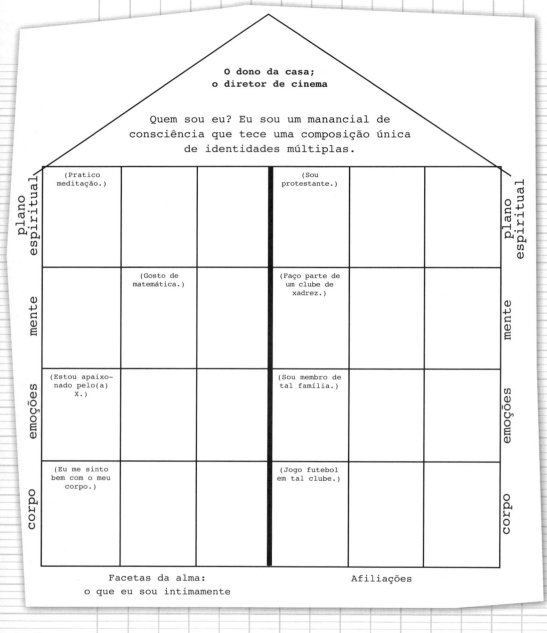

Você pode obviamente acrescentar outros cômodos. Sublinhe e depois envolva de preto as identidades que foram atingidas pela crise e que estão sofrendo.

Faça o mesmo, mas **com lápis de cor**, nas que vão bem e pinte estes « espaços positivos » de amarelo ou rosa. Você certamente verá que vários aposentos da casa da sua alma não precisam ser repintados!

Faça agora uma vistoria do imóvel, inspecionando os quartos coloridos: visualize claramente a cena e o papel que você desempenha nela. Também é possível hierarquizar as suas identidades organizando-as por ordem de importância.

Moral do exercício do « Quem sou eu? »: não viva num só cômodo da sua moradia! Não coloque todos os seus « ovos », ou seja, toda a sua energia, na mesma sacola!

27

Estratégia 2: a borboleta
Desfazer-se para se liberar

Para a borboleta, a crise é uma fase e manifesta um bloqueio do eu, que se tranca numa situação. O sofrimento resulta então de uma resistência a mudanças.

A borboleta sai do casulo e abandona a velha pele da lagarta. E na sua vida? O que é a sua pele de lagarta? Que « velho homem » em você o(a) impede de se realizar plenamente?

Regra 4 : a passagem do tempo.
Nada fica, tudo passa.

"Tudo passa; é impossível se banhar duas vezes no mesmo rio."
Heráclito

"Sob a Ponte Mirabeau corre o Sena
E nosso amor
Minha memória coloca em cena
A alegria vinha sempre após a pena."
Guillaume Apollinaire

Desenhe o aforismo do filósofo Heráclito para incorporá-lo melhor!

A simples constatação desta verdade – a de que tudo passa! – certamente vai aliviá-lo(a). O seu sofrimento não durará para sempre e será levado pelo grande rio do tempo. Você se encontra atualmente num túnel, mas vai atravessá-lo, e a luz do novo dia será ainda mais bonita. Para se dar conta, basta dar a volta por cima e depois subir... na Ponte Mirabeau. Deste ponto de vista, você poderá enxergar uma parte maior da paisagem e perceber que a água rio acima, a que no futuro chegará onde você está, é diferente da que corre atualmente sob os seus pés: ela traz menos detritos.

A torrente se renova constantemente.

Para entender melhor tudo isto, pinte a cena abaixo. É você que está na ponte, e o homenzinho preto no barco simboliza a parcela da sua identidade que está sofrendo. Descreva esta dor no balão com as palavras adequadas e depois imagine o barco indo embora, à deriva na corrente, enquanto você permanece na ponte, como diz Guillaume Apollinaire: « Que venha a noite, / soe a hora, / os dias passam, / eu não vou embora ». Quem é, afinal, este « eu »?

Podemos comparar a consciência com um espelho. Quando você se deixa invadir pelas dificuldades, ele fica coberto de manchas, e até deformado. Você não consegue mais ver o mundo com clareza, nem refletir corretamente, assim como o espelho. Convém, então, limpar a sujeira.

O retângulo abaixo representa este espelho: anote os efeitos do seu problema a lápis na superfície dele e os envolva.

Exemplo de mancha no espelho:

Agora, apague as manchas vigorosamente.
Para terminar, desenhe com lápis de cor um Sol maravilhoso ou uma bela paisagem no meio do espelho.

Você também pode recorrer ao sopro para se liberar de um problema. Veja a seguir três breves exercícios que o ajudarão bastante.

Primeiro exercício: soprar para se purificar

1. Suba ao topo da montanha inspirando continuamente ao longo da curva ascendente.
2. Prenda a respiração por alguns instantes e visualize os seus problemas no vale abaixo de você, sob a forma de uma espessa neblina ou fumaça negra poluindo a atmosfera.

3. Solte o ar de modo intermitente ou dando vários sopros fortes (se quiser, pode ser pela boca), para eliminar a neblina ou fumaça, e desça degrau por degrau.
4. No fim da expiração, descanse um pouco e visualize uma paisagem ensolarada.

Obs.: Você também pode fazer este exercício usando os braços.
Cruze-os sobre o peito, com a mão direita no ombro esquerdo e vice-versa.
Na inspiração, levante os cotovelos calmamente até ficarem na horizontal.
Solte o ar dando vários sopros e abaixe os braços ao mesmo tempo.

Este exercício também pode ser interiorizado.

Segundo exercício: um vento varrendo as nuvens

1. Sente-se ou deite-se, feche os olhos e tome consciência de seu corpo a partir das extremidades inferiores: pés, joelhos, bacia, costas, mãos, braços, ombros, pescoço e cabeça.
2. Sinta a sua respiração no abdome, no peito e depois no nariz. Observe, em seguida, a cortina dos olhos fechados e a leve luminosidade que é filtrada do exterior através das suas pálpebras.

3. Visualize o céu dentro da sua caixa craniana: ele está atualmente coberto de nuvens escuras, que simbolizam todas as suas preocupações e identidades factícias.
4. Inspire pensando no Sol que está por detrás das nuvens, e depois expire imaginando o seu sopro como um vento forte varrendo as nuvens do seu céu interior progressivamente.

Repita esta respiração várias vezes. No fim do exercício, você se encontrará diante de um céu azul e do astro do dia brilhando no zênite. Inspire a luz que ele emana e, na expiração, espalhe-a em todo o seu ser.

Terceiro exercício: um tobogã para relaxar

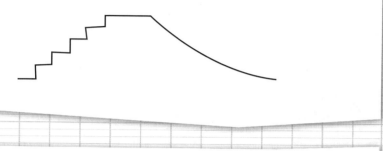

1. Suba ao topo do tobogã seguindo os traços do desenho com os olhos e cadenciando a sua inspiração degrau após degrau.
2. Expire calma e longamente antes de aterrissar numa praia ensolarada ou numa água pura e refrescante.

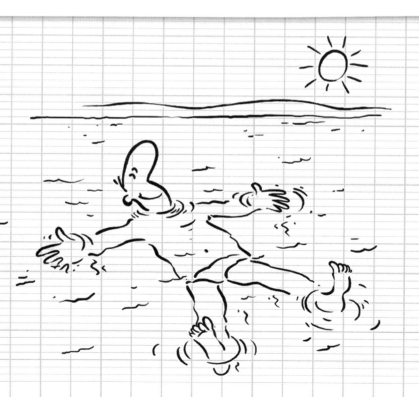

Estratégia 3: a coruja
Compreender

Para a coruja, a crise é uma mensagem do seu eu profundo, para chamar a atenção a respeito de uma disfunção, e para que você veja tudo com mais clareza na sua vida.

Regra 5: a inteligência do universo.

O mundo é um grande organismo dotado de inteligência. As situações, pelas quais eu passo, existem para me ajudar a evoluir.

"Na Natureza, há uma Razão que se mostra tão superior que, em comparação, todos os pensamentos engenhosos dos homens são apenas um pálido reflexo."

Albert Einstein

"Tudo o que acontece é tão natural e previsível quanto as rosas na primavera e as frutas no verão. Só ocorre na vida de cada ser aquilo que coincide com a sua própria natureza."

Marc-Aurèle

Daí a pergunta: por que o seu problema, ou seja, aquela fruta amarga, surgiu logo agora? O que ele lhe ensina sobre você mesmo(a)?

Regra 6: a sabedoria do Eu profundo.

Platão e os sábios da Índia comparam o ser humano a uma carruagem. A cabine corresponde ao nosso corpo, os cavalos simbolizam os nossos desejos, o cocheiro é o nosso intelecto, e o passageiro, o nosso Eu profundo. Somente esse último sabe qual é o objetivo da viagem, o sentido da nossa vida.

"Tenha em mente que o Eu, ou seja, o âmago do ser, é o chefe da carruagem, o passageiro que se encontra dentro da cabine. O intelecto é o cocheiro, e os cavalos, os sentidos."

Katha Upanishad

A crise que estou vivendo neste momento é apenas um ato da peça de teatro da minha vida e, ainda por cima, encenado por uma personagem coadjuvante – uma faceta de mim mesmo(a) – enviada pelo Eu, minha identidade profunda: ela atua mascarada e quer se manifestar. Portanto, trata-se de um **sinal** enviado à consciência para chamar a atenção a respeito da perda do projeto global de vida: o passageiro se deu conta de que a estrada da minha vida estava se tornando caótica. O cocheiro nada percebeu; então, pode acontecer de uma roda se soltar (problema corporal) ou de um cavalo se machucar (dificuldade emocional), o que provoca interrupção temporária da viagem.

Toda crise manifesta uma parte inconsciente do ser que foi negligenciada e que está pedindo para ser reconhecida, integrada. Ela se apresenta como um **bloqueio do ser**, revelador de uma resistência ao que eu realmente sou. Portanto, é uma oportunidade de meditação, de amadurecimento.

O Eu – o passageiro – também pode ser simbolizado por um sábio ancião que vive falando com você nas profundezas do seu céu interior. Imagine-o! O essencial consiste em saber **como** captar a mensagem dele sem deformá-la. Uma outra imagem pode ajudar: para os mestres orientais, a expressão do Eu é parecida com o reflexo da Lua cheia no mar, que representa a sua alma. São possíveis duas situações:

- Sua alma está inquieta como um mar agitado, e o reflexo da Lua se fragmenta numa pluralidade de pontinhos luminosos na água. Você não consegue entender a mensagem. Pinte o desenho e anote o que estiver sentindo:

Situação 1: agitação

- Você acalmou a sua mente, e então a Lua passou a se refletir perfeitamente nas águas da sua consciência. Pinte esta imagem e depois escreva o que estiver sentindo:

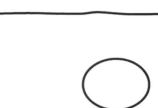

Situação 2: calma mental

Mas como se deve agir concretamente para acalmar as ondas da mente? Veja a seguir um método infalível: a observação serena das percepções e pensamentos.

O observador: a testemhunha da consciência

1. **Interiorização:** Feche os olhos, preste atenção no seu corpo e depois na sua respiração. Relaxe bem as suas pálpebras e observe a luminosidade filtrada através delas. Posicione-se à distância, no seu posto de observação; focalize-se na cortina interna dos seus olhos e nas possíveis variações de luz ou manchas coloridas que se produzem.

2. **Observação:** Relaxe totalmente a sua mente e, permanecendo no seu posto de observação, deixe passar à sua frente o fluxo dos pensamentos e sensações. Não tente se focalizar numa impressão específica. Se uma delas quiser se impor, você deve simplesmente acolhê-la até ela decidir ir embora. Você é apenas um observador, e não um policial. Perceba que a dança das percepções tende a se desacelerar. As águas se acalmam a partir do momento em que paramos de nos debater na correnteza. Basta testemunhar, permitindo que as percepções passem, sem se deixar levar pelas ondas.

3. **Volta à realidade exterior:** Sinta novamente o seu corpo e depois a sua respiração antes de abrir os olhos.

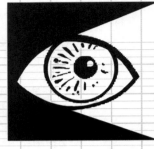

Uma vez a alma apaziguada, o Eu pode se expressar refletindo-se em si mesmo. Dirija a lucidez dele para o seu problema. Ligue os faróis no centro do seu sofrimento: adote a mesma tática que no exercício anterior e imite o poeta René Daumal analisando a angústia dele:

Certa noite, uma ideia maravilhosa me ocorreu: em vez de sofrer passivamente a angústia, busquei observá-la, ver onde ela se encontrava, o que ela era. Vi então que ela estava ligada a uma crispação no ventre e na garganta. Esforcei-me para relaxar completamente, distender o meu ventre. A angústia desapareceu.

Esta simples iluminação acalmará os seus sentimentos, assim como René Daumal conseguiu acabar com a inquietude dele. Mas você também tem a possibilidade de enxergar a crise, escutar a mensagem que está tentando transmitir e conversar com ela. Comece descrevendo-a por escrito: você pode ou redigir um pequeno texto com o que vai passando pela sua cabeça, sem filtrar nada, ou analisar a situação nos diferentes âmbitos do seu ser:

- físico (cabine da carruagem): por exemplo, uma tensão em um certo lugar do corpo;
- emocional (cavalos): perda de um desejo ou de uma amizade;
- mental (cocheiro): este ou aquele pensamento negativo;
- « espiritual » (passageiro): por exemplo, a perda de um ideal.

Agora é com você!

Título: _____

43

Em seguida, dê um « rosto » ao seu problema. Por exemplo, a angústia pode tomar a forma de um polvo. Desenha esta representação no quadro abaixo.

Se faltar inspiração, basta simbolizar a crise na forma de um monstrinho preto.

Agora você está pronto(a) para **dialogar** com o seu « sofrimento personificado ». Este diálogo deve ser feito nos dois sentidos:

  • Do monstrinho a você: escute a mensagem dele e anote-a!

- De você ao monstrinho: converse com ele, assim como Charles Baudelaire afrontando a Dama Dor: *"Tenha juízo, ó Dor minha, e fique quieta!"*

Complete o quadro abaixo:

Mensagem do « homem de preto »:

Pequeno discurso de sua autoria:

Após estes exercícios, você certamente se sentirá aliviado(a) e mais sereno(a): o simples fato de formular o seu problema coloca-o à distância ao objetivá-lo e lhe permite compreendê-lo melhor.

45

Estratégia 4: o mágico Transformar-se

Para o mágico, a crise é um convite para mudar valores e atitudes. Um chamado para uma transformação de si mesmo.

Regra 7: o poder da imaginação.

Com o meu imaginário, posso recriar e reformar a minha vida instaurando novos valores.

"Uma imaginação forte cria os acontecimentos."
                                            Montaigne

> *"Sou mestre em fantasmagorias.*
> *Possuo um talento máximo."*
> Arthur Rimbaud

O **primeiro mágico** se chama **Epíteto**. Este grego foi um escravo que se libertou não somente de suas correntes, como também de preocupações inúteis. Ele me aconselha em primeiro lugar a me concentrar **no que realmente depende de mim** e compara este espaço de liberdade a uma cidadela interior na qual eu sou o rei ou a rainha.

O que depende diretamente de mim?

- A **representação** ou **julgamento** que eu faço de uma situação. Posso enxergar o mesmo acontecimento de forma positiva ou negativa.
- A **decisão de agir** agora mesmo.

E o que nunca depende (ou não depende mais) de mim?

- A **situação exterior** propriamente dita: o tempo que está fazendo lá fora, o mau humor do meu vizinho...

47

- Meus **atos passados**: é impossível mudá-los e inútil se arrepender deles.

Por exemplo, a cotação da Bolsa (realidade externa) não depende de mim. Mas em compensação, a maneira como eu represento na minha cabeça a queda das ações ou decido reagir neste momento, sim. Eu não tenho como modificar os valores da Bolsa, mas posso considerar a queda dos meus títulos como uma oportunidade de viver de modo mais simples.

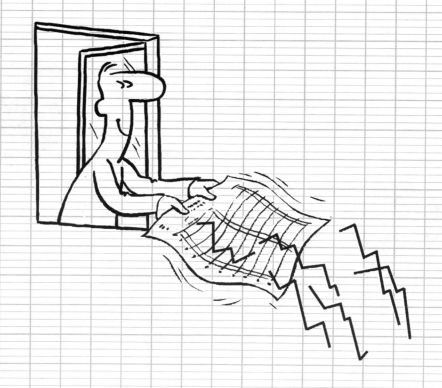

Observe as duas esferas abaixo. Com relação ao seu problema em especial (ou à crise em geral), anote na de cima (liberdade) tudo o que depende de você. Em seguida, escreva na de baixo (escravidão) tudo aquilo que você não pode controlar.
Seja o mais concreto(a) possível!

A
Esfera da liberdade
Aquilo que depende de mim

=> **Representação de X:**
· Juízo de valor
· Decisão de agir...

Enxergar o lado positivo da representação

B
Esfera da escravidão
Aquilo que não depende de mim

=> **Fenômeno externo X:**
· Acontecimento
· Possessão...

Querer que as coisas aconteçam como tiverem de acontecer

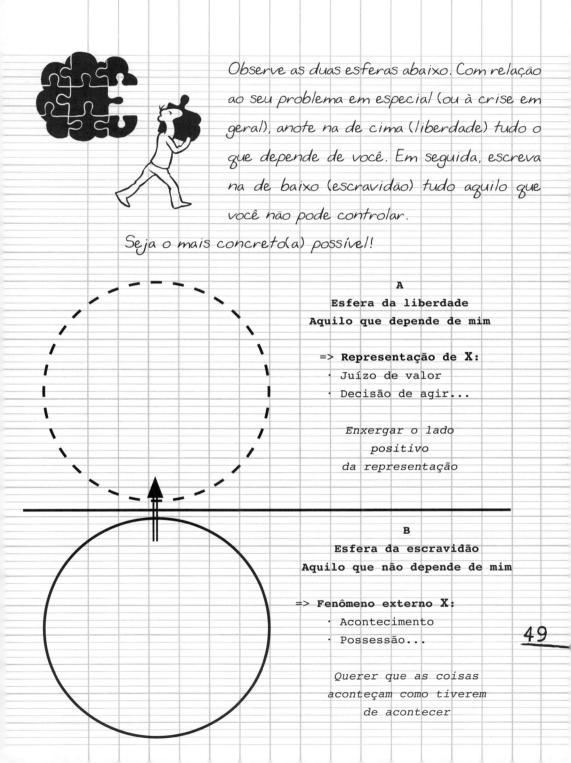

49

Na esfera B (a de baixo), Epíteto aconselha a **aceitação da realidade.** De que adianta se desesperar diante da conjuntura econômica ou ficar irritado(a) por causa de um tempo horroroso?

Em vez disto, concentre-se na esfera A e pinte-a de amarelo.

Avalie em que medida você é capaz de modificar a sua percepção do problema e enxergar o lado positivo dele.

Mas, primeiro, medite sobre esta verdade expressa por Epíteto:

"Toda coisa tem dois lados, um pelo qual podemos carregá-la e outro pelo qual não podemos carregá-la."

Agora, faça o exercício da « balança »:

No prato da esquerda, escreva de preto os aspectos negativos do seu problema, sem forçar o lápis. No da direita, anote, com lápis de cor, os pontos positivos da situação, visualizando-os com a maior clareza possível.

Tomemos o exemplo da perda de um emprego: como ponto negativo, podemos citar a queda da qualidade de vida no plano material; mas, à direita, nos pontos positivos, podemos mencionar um tempo maior para passar com os amigos, a possibilidade de iniciar um curso complementar ou a libertação de uma atmosfera de trabalho desgastante.

Agora é com você!

_____   _____
_____   _____
_____   _____
_____   _____
_____   _____
_____   _____
_____   _____

    ⬭   ⬭

 – Negativo   **+ Positivo**

Com uma caneta hidrográfica preta, risque os aspectos negativos. Concentre-se nas verdades escritas à direita!

Agora, vamos escutar o **segundo mágico**. Trata-se de um sábio da Índia que ainda está vivo: **Swami Satyananda**.

51

Ele extraiu da tradição do yoga um método bastante eficaz para se transformar: o **yoga nidra**. Você deve relaxar profundamente e ficar entre o estado de vigília e o sono para se reprogramar, plantando lá no fundo de si uma sementinha que vai germinar e dar frutos. Ela se chama **sankalpa** e, concretamente, é uma frase breve e positiva que você deve repetir para si mesmo para superar o seu problema de forma progressiva.

Para redigi-la, convém respeitar as três regras a seguir:

· Ela deve ser **curta** e clara.

· E também **positiva**: diga, por exemplo, « Minha saúde está melhorando », e não « Não estou mais sentindo dor », pois o seu subconsciente vai gravar a palavra dor em vez da negação. Focalize-se no lado bom!

· Dê **tempo ao tempo**, respeite a progressão da cura: em vez de « Estou me sentindo perfeitamente bem », diga « Estou me sentindo cada vez melhor ». No primeiro caso, a diferença entre o seu desejo e a realidade seria grande demais: o seu subconsciente pensaria que você está mentindo!

Escreva o seu **sankalpa** com a sua cor preferida adotando estes princípios e pensando no seu problema específico. Você pode associar à sua frase uma imagem que ilustre a cena e na qual esteja envolvido de forma ativa:

Meu sankalpa	Desenho, imagem ou descrição da cena
... ...	

Agora você está pronto(a) para praticar uma sessão de yoga nidra:

1. **Preparação:** deite de costas, feche os olhos e arrume uma posição confortável. Escute os barulhos exteriores, sem analisá-los.

2. **Sankalpa**: repita três vezes o seu **sankalpa**, associando uma cena bem sugestiva à sua frase.

3. **Rotação da consciência no corpo**: faça um *scanner* do seu corpo inteiro! Passe em revista cada uma das suas partes, sentindo-as e repetindo mentalmente o seu nome, com cadência. Proceda na seguinte ordem:

   · **Lado direito**: polegar da mão direita, indicador, médio, anelar, mínimo, palma da mão, costas da mão, cotovelo, ombro, peito à direita, nádega, joelho, panturrilha, calcanhar, peito do pé, dedão, planta do pé.

   · **Lado esquerdo**: mesma ordem que no lado direito.

   · **Cabeça**: alto da cabeça, testa, têmporas, orelhas, bochechas, olhos, ponto entre as sobrancelhas, ponta do nariz, lábios, língua.

   · **Recapitulação**: toda a cabeça, os dois braços, as duas pernas, toda a parte traseira do corpo, toda a parte dianteira do corpo, o corpo inteiro.

4. Respiração: observe-a em três lugares.

- **Abdome**: na inspiração, a barriga deve se arredondar como uma bola sendo enchida, na expiração ela deve se esvaziar; conte 5 respirações (inspiração + expiração), fazendo uma contagem regressiva (comece pelo número 5).

- **Peito**: ele deve se abrir como um guarda-chuva quando você inspirar e se fechar durante a expiração; refaça 5 respirações.

- **Triangulozinho do nariz**: na inspiração, o ar deve subir pelos lados do triângulo até o ponto em que se situa entre as sobrancelhas; na expiração, ele deve retornar à base do triângulo.

5. **Cortina interna dos olhos**: observe a fraca luminosidade que é filtrada através das suas pálpebras.
6. **Tela mental**: visualize em imagens rápidas sete paisagens de que você gosta. Por exemplo, um pôr do sol no mar, um campo de flores, um deserto, um rio numa montanha, um passarinho cantando...

Você também pode imaginar uma situação, como, por exemplo, sair de uma caverna, navegar em direção a uma ilha maravilhosa ou caminhar num pasto montanhoso...

7. **Sankalpa**: repita três vezes a sua máxima.
8. **Volta à realidade exterior**: preste atenção na cortina interna dos seus olhos, na sua respiração e depois no seu corpo. Antes de abrir os olhos, diga novamente o seu sankalpa três vezes.

OBS.: Esta prática pode assumir diferentes formas: você pode realizá-la sentado(a), viajando num ônibus, por exemplo. Basta respeitar a ordem das etapas: corpo, respiração, cortina interna dos olhos, tela mental, volta à realidade exterior, repetindo o seu sankalpa no início, no meio e no fim do exercício.

O *terceiro mágico* é **Plotino**. Discípulo de Platão, ele nos aconselha a esculpir a nossa própria vida, transformando numa magnífica estátua o bloco de pedra que nos tornamos:

"Imite o escultor: ele tira pedaços, lixa o mármore e limpa a figura até aparecer um belo rosto na estátua. Tire você também tudo o que é supérfluo da sua vida e não deixe de esculpir a sua própria estátua."

Desenhe livremente esta bela máxima de Plotino!

Imite o escultor...

Você não deve esperar o bloco de mármore virar uma lápide. Portanto, comece agora mesmo a talhar a sua estátua!

O desenho abaixo representa a futura estátua ainda presa no bloco de mármore. Anote no interior da figura humana a sua **personalidade ideal**, aquilo que você tem de positivo e que deseja profundamente se tornar.

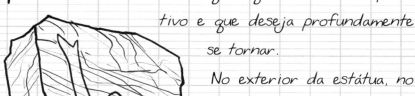

No exterior da estátua, no bloco de mármore, escreva tudo aquilo de que você quer se liberar: os problemas, os bens inúteis, as máscaras... Enfim, a sua velha pele.

Agora, pinte e corte a figura presa no mármore, amassando e jogando no lixo os restos de papel. Guarde com você este símbolo do seu « **eu ideal** ». Você acabou de esculpir a sua vida, erigindo uma estátua em sua homenagem!

Conclusão:
ter ou ser?

Vamos voltar ao assunto da crise econômica! Você já deve ter percebido que ela afeta sobretudo o que está ligado ao **ter**, ou seja, o reino da **quantidade**. Quanto ao **ser**, que diz respeito à **qualidade** de vida, você pode dar um jeito para não ser atingido – e mesmo para ser beneficiado – enxergando a situação pelo lado bom dela, como diria Epíteto. Portanto, faça uma seleção na sua vida, deixando de lado o ter e se concentrando no ser (amizades, passeios em meio à natureza, leituras...).

Vamos refletir aqui, no fim deste caderno, sobre uma regra de ouro:

Não deixe a crise do ter
contaminar a esfera do ser!

Simbolize esta regra com um desenho de sua autoria!

Faça o seu desenho aqui:

E se esta crise for uma oportunidade de abandonar o ter para se dedicar ao ser?

Ao assistir ao noticiário na televisão ou ler o seu jornal preferido, faça a si mesmo(a) esta simples pergunta: quantas notícias falam sobre o ter e quantas sobre o ser?
Você vai descobrir que a primeira categoria ganha da segunda: o ter sobrepõe-se ao ser!

O que devemos fazer então? Pare de escutar os políticos e os economistas, todos aqueles especialistas **PhDs da quantidade**, o tempo inteiro! Como preconiza Charles Baudelaire: **« Embriague-se de poesia »**! Afinal, ela não é o remédio mais radical contra a hipertrofia do ter? Junto com Arthur Rimbaud, rasgue o céu nublado do seu mundo e esteja aberto(a) para outras perspectivas:

"Rasguei o azul do céu, que vem do negro,
e virei faísca de ouro na luz natureza:
Matei a vontade!
De quê? Da eternidade
Que é a unidade
Do mar com o Sol."

Etimologicamente, **poesia** significa « criação »: recrie a sua própria vida moldando novas paisagens, assim como Arthur Rimbaud!

Ou o futuro será poético ou ele nada será! Que venha a era dos poetas!

Bibliografia

COULON, Jacques de. *O segredo para a felicidade*. Mem Martins: Europa-América, 2009.

_____. *Philosophies — 365 graines de sagesse à cultiver*. Genebra: Jouvence, 2008 [Fotografias de Michel Roggo].

_____. *Les enfants du veau d'or — Résister à l'ordre marchand*. Paris: Desclée de Brouwer, 2002.

SATYANANDA, Swami. *Yoga Nidra*. Munger: Yoga Publications Trust, 2001.

Acesse a coleção completa em

livrariavozes.com.br/colecoes/caderno-de-exercicios

ou pelo Qr Code abaixo